BEI GRIN MACHT SICH IHR WISSEN BEZAHLT

AF151541

- Wir veröffentlichen Ihre Hausarbeit, Bachelor- und Masterarbeit

- Ihr eigenes eBook und Buch - weltweit in allen wichtigen Shops

- Verdienen Sie an jedem Verkauf

Jetzt bei www.GRIN.com hochladen und kostenlos publizieren

Liza Springub

Kritische Auseinandersetzung mit dem Text „Meaning and Reference" von Hilary Putnam

GRIN Verlag

Bibliografische Information der Deutschen Nationalbibliothek:

Die Deutsche Bibliothek verzeichnet diese Publikation in der Deutschen National-bibliografie; detaillierte bibliografische Daten sind im Internet über http://dnb.d-nb.de/ abrufbar.

Impressum:

Copyright © 2012 GRIN Verlag GmbH
Druck und Bindung: Books on Demand GmbH, Norderstedt Germany
ISBN: 978-3-656-97053-8

Dieses Buch bei GRIN:

http://www.grin.com/de/e-book/300711/kritische-auseinandersetzung-mit-dem-text-meaning-and-reference-von

GRIN - Your knowledge has value

Der GRIN Verlag publiziert seit 1998 wissenschaftliche Arbeiten von Studenten, Hochschullehrern und anderen Akademikern als eBook und gedrucktes Buch. Die Verlagswebsite www.grin.com ist die ideale Plattform zur Veröffentlichung von Hausarbeiten, Abschlussarbeiten, wissenschaftlichen Aufsätzen, Dissertationen und Fachbüchern.

Universität Osnabrück, Fachbereich Kultur- und Geowissenschaften
Fach: Philosophie
Modul: Aufbaumodul Theoretische Philosophie - Bedeutungstheorie
Datum: 22.03.2012

Kritische Auseinandersetzung mit dem Text

„Meaning and Reference" (Hilary Putnam)

Referatsausarbeitung

vorgelegt von:

Liza Springub
2-Fächer-Bachelor:
Philosophie/Erziehungswissenschaften

Inhalt

Einleitung 2

Inhalte des Referats 2

    Zwei Annahmen der Bedeutungstheorie 2

    Sind Bedeutungen im Kopf? 3

    Eine soziolinguistische Hypothese 5

    Indexikalität und Rigidität 6

    Fazit 7

Kritische Auseinandersetzung 8

Schlusswort 11

Quellenverzeichnis 12

Einleitung

Diese Referatsausarbeitung befasst sich mit dem Text „Meaning and Reference" von Hilary Putnam, welcher aus seinem Aufsatz „The Meaning of Meaning" entnommen ist.[1]

Im Folgenden werde ich mich zuerst nur auf die Inhalte des Referats, d.h. auf den zu behandelten Text, beziehen, damit sich der Leser einen Überblick über Putnams Ideen verschaffen kann. Die direkte Bezugnahme auf seine Thesen halte ich hier nicht für sinnvoll, da diese das Verständnis des Lesers im Bezug auf die Verknüpfung der Thesen stören könnte. Ich werde mich also im Anschluss an die Ausführungen der Referatsinhalte kritisch mit den Thesen auseinandersetzen.

Inhalte des Referats

Zwei Annahmen der Bedeutungstheorie

In der Bedeutungstheorie bestehen zwei Annahmen über „Bedeutung", die nebeneinander nicht bestehen können.

Die klassische Position, die z. B. von John Locke vertreten wird, geht von der Annahme aus, dass der psychische Zustand die Bedeutung eines Ausdrucks bestimmt. [2] Laut dieser internalistischen Theorie kenne ich beispielsweise die Bedeutung des Ausdrucks „Baum" lediglich, weil ich in einem bestimmten psychischen Zustand bin. Ich verbinde gewisse identifizierende Kriterien mit dem Ausdruck „Baum", wodurch sich die Bedeutung von „Baum" ergibt.

Putnam hingegen will diese Theorie widerlegen und an der zweiten, externalistischen These festhalten. Hiernach bestimmt die Bedeutung eines Ausdrucks seine Extension. Putnam will in seinem Aufsatz zeigen, dass das was beispielsweise der Ausdruck „Baum" bezeichnet, von externen Faktoren abhängt und die Extension des Ausdrucks „Baum" genannt wird.

---

[1] Ich habe mit folgender Ausgabe gearbeitet: Putnam, Hilary: *Die Bedeutung von "Bedeutung"* (*The Meaning of "Meaning"*). 2. Auflage. Klostermann, Frankfurt am Main 1990

[2] vgl.: Locke, John: Versuch über den menschlichen Verstand, Drittes Buch, 2.2

Sind Bedeutungen im Kopf?

Im ersten Teil seines Aufsatzes beschäftigt sich Putnam mit der Frage, ob Bedeutungen im Kopf sind, d. h. er hinterfragt die These, dass der psychische Zustand eines Menschen die Bedeutung eines Ausdrucks bestimmt, kritisch. Die Widerlegung dieser These veranschaulicht er anhand verschiedener Beispiele, von denen das bekannteste das „Zwillingserde-Beispiel" ist.

In diesem Gedankenexperiment geht man davon aus, dass es neben der Erde noch eine Zwillingserde gibt, die der Erde in all ihren Eigenschaften gleicht. Zur Verdeutlichung kann man sich sogar vorstellen, dass auf der Zwillingserde von jedem ein Doppelgänger existiert, der seinem Pendant auf der Erde exakt gleicht und sogar dieselben Gedanken hat, also immer im selben psychischen Zustand ist. Der einzige Unterschied dieser beiden Erden besteht in dem Ausdruck „Wasser": Auf der Erde gilt die chemische Zusammensetzung H_2O als „Wasser", wohingegen die chemische Zusammensetzung von „Wasser" auf der Zwillingserde eine andere, sehr lange Formel ist, welche mit der Abkürzung XYZ gekennzeichnet ist. Die Eigenschaften von Wasser sind allerdings dieselben (flüssig, farblos, man kann es trinken, es ist in Flüssen und Seen enthalten,...). Man stelle sich weiterhin vor, dass jemand namens Oskar(1) auf der Erde lebt und einen identischen Zwilling auf der Zwillingserde, Oskar(2) hat. Die beiden würden sich nun gegenseitig mit einem Raumschiff besuchen und bei ihrer Rückkehr berichten, dass es dort wo sie waren „Wasser" gibt. Nun kann man das Gedankenexperiment einmal vor der Wissenschaft der Chemie und einmal danach durchführen. Besuchen sich Oskar(1) und Oskar(2) im Jahre 1750, bevor die Chemie entwickelt war, so werden sie aufgrund verschiedener Identifikationskriterien davon ausgehen, dass „Wasser" auf der Erde und auf der Zwillingserde dasselbe ist. Im Jahre 1970 allerdings, als man bereits Kenntnisse von der Chemie hatte, hätte Oskar(1) berichtet, dass auf der Zwillingserde XYZ als „Wasser" gilt, sowie Oskar(2) berichtet hätte, dass auf der Erde H_2O als „Wasser" gilt. Putnam schließt hieraus, dass Oskar(1) und Oskar(2) das Wort „Wasser" unterschiedlich verstehen und es deshalb auch mit unterschiedlichen Bedeutungen gebrauchen (dies übrigens auch schon im Jahre 1750, obwohl sie da noch nicht von den unterschiedlichen Bedeutungen wissen können). Für die Referenztheorie heißt dies, dass Oskar(1) und Oskar(2) die Referenz von „Wasser" im Jahre 1750 nicht kannten und lediglich den Stereotyp[3] erfassen konnten. Somit war es ihnen nur möglich mithilfe eines Paradigmas ostensiv die Referenz des Ausdrucks „Wasser" anzudeuten.[4] Obwohl Oskar(1) und Oskar(2) sich also im selben psychischen Zustand befanden, hatten sie eine andere Auffassung von „Wasser".

---

[3] Die Eigenschaften von Wasser (flüssig, farblos, man kann es trinken, es ist in Flüssen und Seen enthalten,...)
[4] Paradigma (griechisch): Beispiel, Muster, Vorbild, Modell

Genau aus diesem Grund kommt Putnam zu dem Fazit, dass Bedeutungen eben nicht im Kopf sind. Wesentlich für die Bedeutung ist, was die durch den Begriff bezeichnete Flüssigkeit wirklich ist.

Zur Unterstützung seines Fazits, führt Putnam ein weiteres Gedankenexperiment aus. Hierbei gehe man wieder von der Erde und einer Zwillingserde mit ihren Bewohnern Oskar(1) und Oskar(2) aus. Auf der Erde werden Pfannen und Töpfe herkömmlicherweise aus Aluminium und nur in ganz seltenen Fällen aus Molybdän hergestellt. Auf der Zwillingserde ist dies genau umgekehrt, allerdings wird dort Aluminium als „Molybdän" bezeichnet und umgekehrt. Obwohl Molybdän das wertvollere Metall ist, können nur Experten den Unterschied zwischen einer Pfanne aus Aluminium und einer aus Molybdän feststellen und erkennen. Besuchen sich nun Oskar(1) und Oskar(2) und reden dabei über Töpfe und Pfannen aus „Aluminium", so gebrauchen sie den Ausdruck mit unterschiedlichen Bedeutungen. Dies geschieht wieder ohne deren Wissen, da sie Aluminium nicht von Molybdän unterscheiden können und deshalb nicht wissen, dass die Töpfe und Pfannen, die sie auf der Zwillingserde mit „Aluminium" bezeichnen aus Molybdän sind. Auch in diesem Gedankenexperiment zeigt sich, dass unterschiedliche Bedeutungen bei denselben psychischen Zuständen verwendet werden. Der psychische Zustand kann also nicht die Bedeutung eines Ausdrucks bestimmen.

Um der Kritik zu entgehen, dass diese Gedankenexperimente der Sciene-Fiction entspringen und somit wenig über die Realität aussagen, entwickelt Putnam noch ein weiteres Gedankenexperiment, welches non-fictional ist. Putnam sagt von sich selbst, dass er Ulmen nicht von Buchen unterscheiden kann. Trotzdem ist aber die Extension von „Ulme" in seinem Idiolekt dieselbe wie in der jedes anderen, nämlich die Menge aller Ulmen. Genauso ist es auch mit der Extension von „Buche". Obwohl also Putnams Begriffe von „Ulme" und „Buche" sich nicht unterscheiden, unterscheiden sich aber die Extension von „Ulme" und die Extension von „Buche". Wer nach diesen Ausführungen immer noch nicht erkennt, dass Bedeutungen nicht im Kopf sind, solle das Gedankenexperiment mithilfe der Zwillingserde erweitern. Man nimmt an, dass man auf der Erde Buchen als „Buche" und Ulmen als „Ulme" bezeichnet. Auf der Zwillingserde allerdings bezeichnet man Ulmen als „Buchen" und umgekehrt. Wenn nun Oskar(1) und Oskar(2), genau wie Putnam, Ulmen nicht von Buchen unterscheiden können, so würden sie beispielsweise über „Ulmen" reden, wobei Oskar(1) auch wirklich Ulmen meint aber Oskar(2) eigentlich Buchen meint.

Bedeutung ist also nichts Psychisches und nicht in den Köpfen der Sprecher zu finden. Hieraus folgt automatisch, dass sich die Extension eines Ausdrucks nicht verändert, da sie den Sprechern nicht kognitiv zugänglich ist.

Eine soziolinguistische Hypothese

Bei der Entwicklung der letzten beiden Beispiele (Aluminium-Molybdän und Ulmen-Buchen), ist Putnam darauf aufmerksam geworden, dass diese eng mit einer sprachlichen Tatsache, die er „sprachliche Arbeitsteilung" nennt, verknüpft sind. Laut Putnam verwenden wir oft Wörter, wie z. B. „Aluminium", die wir nicht genau identifizieren/definieren, sie aber trotzdem problemlos im Sprachgebrauch nutzen können. Er veranschaulicht diese Hypothese am Beispiel von „Gold":

In einer Gesellschaft gibt es Menschen die goldenen Schmuck tragen, sowie Menschen die diesen Schmuck verkaufen. Es gibt außerdem Menschen, die mit Gold handeln und welche die den Zusammenhang zur Währung diskutieren. Wieder andere haben die Aufgabe, Gold als solches zu identifizieren. Obwohl also eigentlich nur letztere die wirkliche Bedeutung von „Gold" kennen, können alle anderen Mitglieder der Gesellschaft den Begriff „Gold" genauso gut verwenden. Sie verlassen sich dabei ganz einfach auf die sprachliche Arbeitsteilung, bei der es eine bestimmte Teilklasse von Sprechern gibt, die feststellen können, ob etwas wirklich Gold ist.

Putnam spricht in seinen weiteren Ausführungen außerdem davon, dass dieser sprachlichen Arbeitsteilung eine nicht-sprachliche Arbeitsteilung vorrausgeht. Er zieht hier wieder das Beispiel von „Wasser" im Jahre 1750 heran, als noch niemand „Wasser" als solches sicher identifizieren konnte und es somit noch keine sprachliche Arbeitsteilung gab. Außerdem erwähnt er kurz, dass es auch Wörter gibt bei denen es diese überhaupt nicht gibt, wie z.B. bei dem Begriff „Stuhl". Allerdings geht er darauf nicht weiter ein.

Anhand dieser Argumentation erstellt Putnam die Hypothese von der universellen sprachlichen Arbeitsteilung, nach der es eine bestimmte Zusammenarbeit zwischen den Sprechern, die einen Ausdruck verwenden und denen, die die Extension dieses Ausdrucks sowie Methoden, die Extension festzustellen, kennen. [5]

Auch aus diesen Überlegungen schließt Putnam, dass die Bedeutung eines Ausdrucks nicht vom psychischen Zustand des Sprechers bestimmt wird. Er möchte an dieser Stelle betonen, dass nicht derjenige, der die Bedeutung eines Ausdrucks mit all den dazugehörigen notwendigen und hinreichenden Kriterien kennt, die Extension auch gleichzeitig festlegt. Es ist vielmehr der soziologische Status der gesamten Sprachgemeinschaft, durch den die Extension festgelegt wird.

---

[5] Every linguistic community exemplifies the sort of division of linguistic labor just described; that is, it possesses at least some terms whose associated "criteria" are known only to a subset of the speakers who acquire the terms, and whose use by the other speakers depends upon a structured cooperation between them and the speakers in the relevant subsets. (Putnam S. 76)

Indexikalität und Rigidität

Putnam geht im Folgenden noch einmal näher auf das Zwillingserde-Beispiel ein, da dieses, wie schon erwähnt, nicht die sprachliche Arbeitsteilung betrifft.

Zum besseren Verständnis erläutere ich kurz die von Putnam gewählte Überschrift. Den Begriff der Rigidität verwendet Putnam in Anlehnung an Kripke[6], der die Theorie der starren Designatoren einführte. Rigidität kann man mit Starrheit übersetzen und bezieht sich in diesem Zusammenhang auf eine Bezeichnung, die sich – einmal festgelegt – auf dieselbe Entität in jeder möglichen Welt bezieht.[7] Indexikalität meint die Abhängigkeit vieler Ausdrücke, von der Umgebung in der sie gelernt wurden. Hierbei handelt es sich um Pronomen oder Adverbien wie z.B. „ich", „dies", „heute" oder „hier".[8]

Putnam möchte nun anhand des Zwillingserde-Beispiels die Verknüpfung von Indexikalität und Rigidität veranschaulichen. Man stelle sich vor, es gebe im Jahre 1750 zwei mögliche Welten, W1 und W2, von denen W1 die aktuelle Welt ist, in der wir leben. In beiden Welten zeigt nun jemand auf ein Glas mit einer Flüssigkeit und sagt: „Dies ist Wasser". Es steht allerdings fest, dass in W1 diese Flüssigkeit aus H_2O besteht, während sie in W2 aus XYZ besteht. Putnam stellt nun zwei mögliche Thesen auf, von denen er jedoch sofort die zweite These als die einzig logische und richtige bestimmt.

(1) „Wasser" ist weltenrelativ, aber konstant in seiner Bedeutung. „Wasser" hat somit in beiden Welten die gleiche Bedeutung, ist aber in W1 H_2O und in W2 XYZ.

(2) Wasser ist in allen Welten H_2O, aber „Wasser" hat in W1 und W2 nicht die gleiche Bedeutung. [9]

Da Wasser also in jeder möglichen Welt die Bedeutung von H_2O habe, sei „Wasser" ein starrer Designator. Dies gelte übrigens auch für alle anderen Wörter natürlicher Arten.

Putnam verdeutlicht diese Theorie noch einmal anhand der *cross-world-relation*, die er kurz anschneidet. Wenn jemand in W1 150 cm groß ist und jemand in W2 auch, kann man sagen, dass

---

[6] Saul Aaron Kripke: *1940, us-amerikanischer Philosoph und Logiker
[7] Kripke calls a designator ''rigid'' (in a given sentence) if (in that sentence) it refers to the same individual in every possible world in which the designator designates. (Putnam S.78)
[8] vgl.: http://plato.stanford.edu/entries/indexicals/ (Zugriff am 18.03.2012)

[9] vgl. Putnam, S. 77

derjenige in W1 dieselbe Größe hat, wie derjenige in W2. Dieses Verhältnis „selbe Größe wie" könne man nun auch auf Wasser beziehen. Zeige also jemand im Jahre 1750 in W1 auf ein Glas mit einer Flüssigkeit und sagt „Dies ist Wasser" und dasselbe tut jemand in W2, so kann man von dem Verhältnis „selbe Flüssigkeit wie" ausgehen. Der jeweilige Sprecher gebraucht das Wort „Wasser" in seiner Bedeutung und gemäß seiner Referenz.

Putnam untersucht nun die traditionelle Theorie, dass die Intension die Extension bestimmt anhand von Indexikalität. Man stelle sich hierfür vor, man habe einen Doppelgänger auf der Zwillingserde. Wenn ich also denke „Ich habe Kopfschmerzen", so denkt mein Doppelgänger zum selben Zeitpunkt auch „Ich habe Kopfschmerzen". Der entscheidende Punkt an dieser Stelle ist allerding, dass ich mit „Ich" mich selbst meine und mein Doppelgänger mit „Ich" sich selbst meint und eben nicht mich. Hieraus kann man also schließen, dass die Intension indexikalischer Ausdrücke nicht die Extension bestimmt. Also folgt auch, dass bei „versteckt indexikalischen Ausdrücken", wie z. B. „Wasser", die Intension nicht die Extension bestimmt. Die Theorie der „versteckten Indexikalität" lässt allerdings offen, ob man daraus nun auch schließen kann, dass Wasser in W1 und in W2 dieselbe Bedeutung, aber eine andere Extension hat.

Fazit

Abschließend stellt Putnam noch einmal fest, dass die Extension eines Ausdrucks nicht in den Köpfen der Sprecher zu finden ist. Erstens werde die Extension sozial bestimmt, wie man es in der soziolinguistischen Hypothese nachvollziehen kann. Zweitens werde sie indexikalisch bestimmt, wie es bei Ausdrücken natürlicher Art der Fall ist. Die Extension unserer Ausdrücke hänge von der tatsächlichen Natur der einzelnen Dinge ab, auf die man als Paradigma hinweisen kann.

Außerdem möchte Putnam darauf hinweisen, dass die Bedeutungstheorie für die Bestimmung der Referenz erstens die Gesellschaft und zweitens die reale Welt berücksichtigen sollte.

Kritische Auseinandersetzung

Bei der Auseinandersetzung mit Putnams Thesen bin ich auf einige Aspekte gestoßen, die es zu diskutieren gilt. Ich werde versuchen diese Aspekte in der Reihenfolge, wie sie im Text vorkommen aufzuzählen.

Zu Beginn seiner Ausführungen macht Putnam deutlich, dass er den semantischen Externalismus vertritt und somit nicht der Meinung ist, dass die Bedeutung eines Ausdrucks in den Köpfen der Sprecher zu finden ist. Hieraus könnte man nun auch schließen, dass die Sprecher selbst gar nicht wissen, was sie eigentlich meinen wenn sie einen Ausdruck verwenden.

Die Sprecher haben nur die Möglichkeit den Stereotyp von x (z.B. Wasser) aufzufassen und ostensiv auf ein Paradigma hinzuweisen (z.B. „Dies ist Wasser"). Hierbei sollte man jedoch beachten, dass die Sprecher sich hier immer auf Experten aus der Sprachgemeinschaft verlassen müssen (s.u.) und es somit auch „falsche" oder „schlechte" Paradigmen geben kann. Meiner Meinung nach genügt es nicht auf ein Paradigma hinzuweisen, um behaupten zu können, dass man einen Ausdruck gemäß seiner Bedeutung verwendet. Zudem behauptet Putnam auch, dass das Wesentliche für die Bedeutung die Substanz selbst ist. Ich denke allerdings nicht, dass ein Sprecher, wenn er auf etwas zeigt und dabei sagt „Dies ist Wasser" eine Substanz mit derselben chemischen Zusammensetzung meint, sondern eher mit denselben Eigenschaften, wo man wieder beim Stereotyp angekommen wäre und eben nicht bei der Bedeutung.

Aus der These, dass Bedeutungen nichts Psychisches sind, folgt außerdem, dass Sprecher also keinen kognitiven Zugriff zu der Bedeutung eines Ausdrucks haben, weshalb auch keine Bedeutungsänderungen möglich sind. Jedoch sollte man meiner Meinung nach den wissenschaftlichen Wandel berücksichtigen, wobei dann die Bedeutung eines Ausdrucks unseren Kenntnisstand widerspiegelt. Dieser Bedeutungswandel ist in der internalistischen Bedeutungstheorie, die z. B. von John Locke vertreten wird, möglich. Allerdings ist hier fragwürdig, ob sich die Bedeutung eines Ausdrucks im Laufe der Zeit nicht auch so sehr verändern kann, dass man sich nicht mehr sicher sein kann, ob man überhaupt noch über dieselbe Sache spricht.[10]

Als Putnam zu Beginn seiner Ausführungen das „Ulmen-Buchen-Beispiel" einführt, um festzustellen, dass Bedeutungen nicht in den Köpfen der Sprecher zu finden sind, sagt er über sich aus, dass er

---

[10] Wenn man z.B. in den Traktaten von Archimedes über „Gold" liest, könnte es sein, dass er zu seiner Zeit einen anderen Begriff von „Gold" hatte, als wir ihn heute haben. Für uns ist ein entscheidendes Kriterium für Gold, dass es die Ordnungszahl 79 trägt, was Archimedes damals noch nicht wissen konnte. In der internalistischen Bedeutungstheorie wissen wir also nicht einfach mehr, als Archimedes damals, sondern wir reden über etwas ganz anderes.

Ulmen nicht von Buchen unterscheiden könne. Hieraus folgt für ihn, dass eine Ulme und eine Buche in seinem Idiolekt dasselbe sind. Meiner Meinung nach ist dem aber nicht so, da Putnam ja weiß, dass es einerseits Ulmen und andererseits Buchen gibt und diese sich in ihrer Bedeutung unterscheiden. Wenn Putnam also auf einen Baum zeigt und dabei sagt „Dies ist eine Ulme", dann ist ihm dabei völlig bewusst, dass seine Aussage entweder wahr ist, wenn dieser Baum wirklich eine Ulme ist, oder aber falsch, wenn dieser Baum eigentlich eine Buche ist. Putnam weiß also, dass sich Ulmen von Buchen unterscheiden; aus der Tatsache, dass er den Unterschied nicht erkennen kann, lässt sich allerdings nicht schließen, dass Ulmen und Buchen in seinem Idiolekt dieselbe Bedeutung haben. Zudem führt Putnam dieses Beispiel für diejenigen Leser an, für die die vorigen Beispiele aufgrund ihrer Fiktionalität unzureichend sind. Jedoch benötigt er auch hier wieder die Konstruktion einer Zwillingserde um seine Konklusion zu vervollständigen.[11]

Mit seiner soziolinguistischen Hypothese sagt Putnam aus, dass die Extension eines Ausdrucks durch den soziologischen Status der Sprachgemeinschaft bestimmt wird. Es gebe immer eine bestimmte Teilklasse von Sprechern die die genaue Bedeutung eines Ausdrucks, wie z. B. „Gold" kennen. Dabei vergisst Putnam jedoch, dass es auch viele Ausdrücke gibt, die niemand genau definieren kann und bei denen es keine Experten in der Sprachgemeinschaft gibt. Gemeint sind damit Ausdrücke wie z. B. „Liebe", „Freiheit" oder auch „Tisch". Obwohl es also für diese Ausdrücke keine Experten gibt, können sie die Sprecher trotzdem einwandfrei verwenden. Man stelle sich vor, ein vierjähriges Mädchen erzählt ihrer Mutter, sie habe sich in einen Jungen aus dem Kindergarten verliebt. In dem Idiolekt des Mädchens handelt es sich hierbei um „Liebe", wohingegen „Liebe" im Idiolekt der Mutter etwas anderes ist. Heißt dies nun auch, dass die Bedeutung von „Liebe" in verschiedenen Idiolekten unterschiedlich ist? Dies würde der These von Putnam, dass die Bedeutung eines Ausdrucks nicht in den Köpfen der Sprecher zu finden ist, widersprechen. Was also die Bedeutung von Ausdrücken wie „Liebe" festlegt bleibt offen.

Die eben geäußerte Kritik versucht Putnam zu vermeiden, indem er, als er über die Indexikalität spricht, festlegt, dass seine Thesen nur auf Ausdrücke der natürlichen Art zutreffen. Meiner Meinung nach macht es sich Putnam hier zu einfach, da seine These, was die Bedeutung festlegt somit nicht vollständig ist, sondern sich nur auf die Bedeutung bestimmter Ausdrücke bezieht. Zudem weiß der Leser nicht einmal, was genau Putnam eigentlich mit einem Ausdruck natürlicher Art meint. Aus anderen Schriften von Putnam sowie auch von Kripke kann man schließen, dass man bei Ausdrücken natürlicher Art, wie dies z. B. „Tiger", „Zitrone", „Wasser" oder auch „Gold" sind, das Wesen dieses Ausdrucks bestimmen kann. Was genau nun aber dieses Wesen festlegt, wird nicht deutlich. Des Weiteren stellt Putnam die These auf, dass alle Ausdrücke natürlicher Arten gleichzeitig indexikalisch

---

[11] vgl. Putnam S.74

sind. Da Putnam sicherlich weiß, dass sich die Bedeutung reiner indexikalischer Ausdrücke, wie z. B. „ich" oder „heute", in verschiedenen Kontexten ändert, ordnet er den Ausdrücken natürlicher Art eine „versteckte Indexikalität" zu, die er selbst neu einführt. Hiermit will er wahrscheinlich vermeiden, dass die Indexikalität dieser Ausdrücke seiner These, nach der sich die Extension eines Ausdrucks nicht verändert, widerspricht.

Zusammenfassend kann man also sagen, dass Bedeutung bei Putnam zwei Aspekte hat. Erstens den Aspekt der Kompetenz des einzelnen Sprechers, der den Stereotyp von x erfasst und ostensiv als Paradigma auf x hinweist. Zweitens die Extension, die durch die Bedeutung bestimmt wird.[12] Das heißt aber wiederum, dass die Extension selbst in der Bedeutung enthalten ist und nicht, dass die Bedeutung irgendetwas enthält, was die Extension bestimmen könnte. Somit beruht Putnams Theorie also auf einem Zirkelbeweis, da die Bedeutung die Extension bestimmen soll, dies aber nicht ohne die Kenntnis der Extension geht. Es scheint also, als wäre der Bedeutung jegliche Notwendigkeit genommen, obwohl es doch in Putnams Auseinandersetzungen eigentlich um die Bedeutung von Bedeutung gehen soll.

---

[12] vgl.: Putnam, Hilary: *Die Bedeutung von "Bedeutung"* (*The Meaning of "Meaning"*). 2. Auflage. Klostermann, Frankfurt am Main 1990

10

Schlusswort

Abschließend möchte ich noch einmal kurz auf die Schwierigkeit in der Debatte um den Begriff der Bedeutung aufmerksam machen.

Einerseits geht es uns darum, dass unsere Ausdrücke, die Welt wie sie an sich beschaffen ist[13], angemessen erfassen. Wenn es also Unterschiede in der Welt gibt, wollen wir diese Unterschiedlichkeit auch in unseren Ausdrücken widerspiegeln können. Haben zwei Ausdrücke verschiedene Extensionen, so sollten sie demnach auch zwei verschiedene Bedeutungen haben.

Andererseits benötigen wir einen kognitiven Zugang zur Bedeutung, um uns ihr sicher sein zu können und um Bedeutungsirrtümer zu vermeiden. Mithilfe des kognitiven Zugangs können wir somit auch unsere eigenen Ideen ausdrücken.

Um all diese Forderungen an die Bedeutung erfüllen zu können, müsste man nun eine Theorie entwickeln, die dem Sprecher einen kognitiven Zugang zur Bedeutung zulässt und sie aber gleichzeitig die Welt an sich widerspiegelt, ohne dass es zu Irrtümern kommt.

---

[13] Aus zeitlichen und aus Platzgründen möchte ich an dieser Stelle nicht weiter darauf eingehen, dass der menschliche Erkenntnisapparat die „Welt an sich" m. E. nicht erfassen kann.

Quellenverzeichnis

http://plato.stanford.edu/entries/indexicals/   (Zugriff am 18.03.2012)

Locke, John: Versuch über den menschlichen Verstand, Drittes Buch, 2.2

Putnam, Hilary: Die Bedeutung von "Bedeutung" (The Meaning of "Meaning"). 2. Auflage. Klostermann, Frankfurt am Main 1990